医疗保障基金使用监督管理条例

中国法制出版社

目　　录

中华人民共和国国务院令

第 735 号

《医疗保障基金使用监督管理条例》已经 2020 年 12 月 9 日国务院第 117 次常务会议通过，现予公布，自 2021 年 5 月 1 日起施行。

总理　李克强

2021 年 1 月 15 日

医疗保障基金使用监督管理条例

第一章　总　　则

第一条　为了加强医疗保障基金使用监督管理，保障基金安全，促进基金有效使用，维护公民医疗保障合法权益，根据《中华人民共和国社会保险法》和其他有关法律规定，制定本条例。

第二条　本条例适用于中华人民共和国境内基本医疗保险（含生育保险）基金、医疗救助基金等医疗保障基金使用及其监督管理。

第三条　医疗保障基金使用坚持以人民健康为中心，保障水平与经济社会发展水平相适应，遵循合法、安全、公开、便民的原则。

第四条　医疗保障基金使用监督管理实行政府监管、社会监督、行业自律和个人守信相结合。

第五条 县级以上人民政府应当加强对医疗保障基金使用监督管理工作的领导，建立健全医疗保障基金使用监督管理机制和基金监督管理执法体制，加强医疗保障基金使用监督管理能力建设，为医疗保障基金使用监督管理工作提供保障。

第六条 国务院医疗保障行政部门主管全国的医疗保障基金使用监督管理工作。国务院其他有关部门在各自职责范围内负责有关的医疗保障基金使用监督管理工作。

县级以上地方人民政府医疗保障行政部门负责本行政区域的医疗保障基金使用监督管理工作。县级以上地方人民政府其他有关部门在各自职责范围内负责有关的医疗保障基金使用监督管理工作。

第七条 国家鼓励和支持新闻媒体开展医疗保障法律、法规和医疗保障知识的公益宣传，并对医疗保障基金使用行为进行舆论监督。有关医疗保障的宣传报道应当真实、公正。

县级以上人民政府及其医疗保障等行政部门应当通过书面征求意见、召开座谈会等方式，听取人大代表、政协委员、参保人员代表等对医疗保障基金使用的意见，畅通社会监督渠道，鼓励和支持社会各方面参与对医疗保障基金使用的监督。

医疗机构、药品经营单位（以下统称医药机构）等单位和医药卫生行业协会应当加强行业自律，规范医药服务行为，促进行业规范和自我约束，引导依法、合理使用医疗保障基金。

第二章　基金使用

第八条　医疗保障基金使用应当符合国家规定的支付范围。

医疗保障基金支付范围由国务院医疗保障行政部门依法组织制定。省、自治区、直辖市人民政府按照国家规定的权限和程序，补充制定本行政区域内医疗保障基金支付的具体项目和标准，并报国务院医疗保障行政部门备案。

第九条　国家建立健全全国统一的医疗保障经办管理体系，提供标准化、规范化的医疗保障经办服务，实现省、市、县、乡镇（街道）、村（社区）全覆盖。

第十条　医疗保障经办机构应当建立健全业务、财务、安全和风险管理制度，做好服务协议管理、费用监控、基金拨付、待遇审核及支付等工作，并定期向社会公开医疗保障基金的收入、支出、结余等情况，接受社会监督。

第十一条　医疗保障经办机构应当与定点医药机构建立集体谈判协商机制，合理确定定点医药机构的医疗保障基金预算金额和拨付时限，并根据保障公众健康需求和管理服务的需要，与定点医药机构协商签订服务协议，规范医药服务行为，明确违反服务协议的行为及其责任。

医疗保障经办机构应当及时向社会公布签订服务协议的定点医药机构名单。

医疗保障行政部门应当加强对服务协议订立、履行等情况的监督。

第十二条　医疗保障经办机构应当按照服务协议的约定，及时结算和拨付医疗保障基金。

定点医药机构应当按照规定提供医药服务，提高服务质量，合理使用医疗保障基金，维护公民健康权益。

第十三条 定点医药机构违反服务协议的，医疗保障经办机构可以督促其履行服务协议，按照服务协议约定暂停或者不予拨付费用、追回违规费用、中止相关责任人员或者所在部门涉及医疗保障基金使用的医药服务，直至解除服务协议；定点医药机构及其相关责任人员有权进行陈述、申辩。

医疗保障经办机构违反服务协议的，定点医药机构有权要求纠正或者提请医疗保障行政部门协调处理、督促整改，也可以依法申请行政复议或者提起行政诉讼。

第十四条 定点医药机构应当建立医疗保障基金使用内部管理制度，由专门机构或者人员负责医疗保障基金使用管理工作，建立健全考核评价体系。

定点医药机构应当组织开展医疗保障基金相关制度、政策的培训，定期检查本单位医疗保障基金使用情况，及时纠正医疗保障基金使用不规范的行为。

第十五条 定点医药机构及其工作人员应当执行

实名就医和购药管理规定，核验参保人员医疗保障凭证，按照诊疗规范提供合理、必要的医药服务，向参保人员如实出具费用单据和相关资料，不得分解住院、挂床住院，不得违反诊疗规范过度诊疗、过度检查、分解处方、超量开药、重复开药，不得重复收费、超标准收费、分解项目收费，不得串换药品、医用耗材、诊疗项目和服务设施，不得诱导、协助他人冒名或者虚假就医、购药。

定点医药机构应当确保医疗保障基金支付的费用符合规定的支付范围；除急诊、抢救等特殊情形外，提供医疗保障基金支付范围以外的医药服务的，应当经参保人员或者其近亲属、监护人同意。

第十六条　定点医药机构应当按照规定保管财务账目、会计凭证、处方、病历、治疗检查记录、费用明细、药品和医用耗材出入库记录等资料，及时通过医疗保障信息系统全面准确传送医疗保障基金使用有关数据，向医疗保障行政部门报告医疗保障基金使用监督管理所需信息，向社会公开医药费用、费用结构等信息，接受社会监督。

第十七条 参保人员应当持本人医疗保障凭证就医、购药，并主动出示接受查验。参保人员有权要求定点医药机构如实出具费用单据和相关资料。

参保人员应当妥善保管本人医疗保障凭证，防止他人冒名使用。因特殊原因需要委托他人代为购药的，应当提供委托人和受托人的身份证明。

参保人员应当按照规定享受医疗保障待遇，不得重复享受。

参保人员有权要求医疗保障经办机构提供医疗保障咨询服务，对医疗保障基金的使用提出改进建议。

第十八条 在医疗保障基金使用过程中，医疗保障等行政部门、医疗保障经办机构、定点医药机构及其工作人员不得收受贿赂或者取得其他非法收入。

第十九条 参保人员不得利用其享受医疗保障待遇的机会转卖药品，接受返还现金、实物或者获得其他非法利益。

定点医药机构不得为参保人员利用其享受医疗保障待遇的机会转卖药品，接受返还现金、实物或者获得其他非法利益提供便利。

第二十条 医疗保障经办机构、定点医药机构等单位及其工作人员和参保人员等人员不得通过伪造、变造、隐匿、涂改、销毁医学文书、医学证明、会计凭证、电子信息等有关资料，或者虚构医药服务项目等方式，骗取医疗保障基金。

第二十一条 医疗保障基金专款专用，任何组织和个人不得侵占或者挪用。

第三章 监督管理

第二十二条 医疗保障、卫生健康、中医药、市场监督管理、财政、审计、公安等部门应当分工协作、相互配合，建立沟通协调、案件移送等机制，共同做好医疗保障基金使用监督管理工作。

医疗保障行政部门应当加强对纳入医疗保障基金支付范围的医疗服务行为和医疗费用的监督，规范医疗保障经办业务，依法查处违法使用医疗保障基金的行为。

第二十三条 国务院医疗保障行政部门负责制定

服务协议管理办法，规范、简化、优化医药机构定点申请、专业评估、协商谈判程序，制作并定期修订服务协议范本。

国务院医疗保障行政部门制定服务协议管理办法，应当听取有关部门、医药机构、行业协会、社会公众、专家等方面意见。

第二十四条 医疗保障行政部门应当加强与有关部门的信息交换和共享，创新监督管理方式，推广使用信息技术，建立全国统一、高效、兼容、便捷、安全的医疗保障信息系统，实施大数据实时动态智能监控，并加强共享数据使用全过程管理，确保共享数据安全。

第二十五条 医疗保障行政部门应当根据医疗保障基金风险评估、举报投诉线索、医疗保障数据监控等因素，确定检查重点，组织开展专项检查。

第二十六条 医疗保障行政部门可以会同卫生健康、中医药、市场监督管理、财政、公安等部门开展联合检查。

对跨区域的医疗保障基金使用行为，由共同的上一级医疗保障行政部门指定的医疗保障行政部门检查。

第二十七条 医疗保障行政部门实施监督检查，可以采取下列措施：

（一）进入现场检查；

（二）询问有关人员；

（三）要求被检查对象提供与检查事项相关的文件资料，并作出解释和说明；

（四）采取记录、录音、录像、照相或者复制等方式收集有关情况和资料；

（五）对可能被转移、隐匿或者灭失的资料等予以封存；

（六）聘请符合条件的会计师事务所等第三方机构和专业人员协助开展检查；

（七）法律、法规规定的其他措施。

第二十八条 医疗保障行政部门可以依法委托符合法定条件的组织开展医疗保障行政执法工作。

第二十九条 开展医疗保障基金使用监督检查，监督检查人员不得少于2人，并且应当出示执法证件。

医疗保障行政部门进行监督检查时，被检查对象应当予以配合，如实提供相关资料和信息，不得拒绝、阻碍检查或者谎报、瞒报。

第三十条 定点医药机构涉嫌骗取医疗保障基金支出的，在调查期间，医疗保障行政部门可以采取增加监督检查频次、加强费用监控等措施，防止损失扩大。定点医药机构拒不配合调查的，经医疗保障行政部门主要负责人批准，医疗保障行政部门可以要求医疗保障经办机构暂停医疗保障基金结算。经调查，属于骗取医疗保障基金支出的，依照本条例第四十条的规定处理；不属于骗取医疗保障基金支出的，按照规定结算。

参保人员涉嫌骗取医疗保障基金支出且拒不配合调查的，医疗保障行政部门可以要求医疗保障经办机构暂停医疗费用联网结算。暂停联网结算期间发生的医疗费用，由参保人员全额垫付。经调查，属于骗取医疗保障基金支出的，依照本条例第四十一条的规定处理；不属于骗取医疗保障基金支出的，按照规定结算。

第三十一条 医疗保障行政部门对违反本条例的

行为作出行政处罚或者行政处理决定前，应当听取当事人的陈述、申辩；作出行政处罚或者行政处理决定，应当告知当事人依法享有申请行政复议或者提起行政诉讼的权利。

第三十二条 医疗保障等行政部门、医疗保障经办机构、会计师事务所等机构及其工作人员，不得将工作中获取、知悉的被调查对象资料或者相关信息用于医疗保障基金使用监督管理以外的其他目的，不得泄露、篡改、毁损、非法向他人提供当事人的个人信息和商业秘密。

第三十三条 国务院医疗保障行政部门应当建立定点医药机构、人员等信用管理制度，根据信用评价等级分级分类监督管理，将日常监督检查结果、行政处罚结果等情况纳入全国信用信息共享平台和其他相关信息公示系统，按照国家有关规定实施惩戒。

第三十四条 医疗保障行政部门应当定期向社会公布医疗保障基金使用监督检查结果，加大对医疗保障基金使用违法案件的曝光力度，接受社会监督。

第三十五条 任何组织和个人有权对侵害医疗保

障基金的违法违规行为进行举报、投诉。

医疗保障行政部门应当畅通举报投诉渠道，依法及时处理有关举报投诉，并对举报人的信息保密。对查证属实的举报，按照国家有关规定给予举报人奖励。

第四章　法律责任

第三十六条　医疗保障经办机构有下列情形之一的，由医疗保障行政部门责令改正，对直接负责的主管人员和其他直接责任人员依法给予处分：

（一）未建立健全业务、财务、安全和风险管理制度；

（二）未履行服务协议管理、费用监控、基金拨付、待遇审核及支付等职责；

（三）未定期向社会公开医疗保障基金的收入、支出、结余等情况。

第三十七条　医疗保障经办机构通过伪造、变造、隐匿、涂改、销毁医学文书、医学证明、会计凭证、电子信息等有关资料或者虚构医药服务项目等方式，骗取医疗保障基金支出的，由医疗保障行政部门责令退回，处骗取金额2倍以上5倍以下的罚款，对直接负责的主管人员和其他直接责任人员依法给予处分。

第三十八条 定点医药机构有下列情形之一的，由医疗保障行政部门责令改正，并可以约谈有关负责人；造成医疗保障基金损失的，责令退回，处造成损失金额1倍以上2倍以下的罚款；拒不改正或者造成严重后果的，责令定点医药机构暂停相关责任部门6个月以上1年以下涉及医疗保障基金使用的医药服务；违反其他法律、行政法规的，由有关主管部门依法处理：

（一）分解住院、挂床住院；

（二）违反诊疗规范过度诊疗、过度检查、分解处方、超量开药、重复开药或者提供其他不必要的医药服务；

（三）重复收费、超标准收费、分解项目收费；

（四）串换药品、医用耗材、诊疗项目和服务设施；

（五）为参保人员利用其享受医疗保障待遇的机会转卖药品，接受返还现金、实物或者获得其他非法利益提供便利；

（六）将不属于医疗保障基金支付范围的医药费用纳入医疗保障基金结算；

（七）造成医疗保障基金损失的其他违法行为。

第三十九条 定点医药机构有下列情形之一的，由医疗保障行政部门责令改正，并可以约谈有关负责人；拒不改正的，处1万元以上5万元以下的罚款；违反其他法律、行政法规的，由有关主管部门依法处理：

（一）未建立医疗保障基金使用内部管理制度，或者没有专门机构或者人员负责医疗保障基金使用管理工作；

（二）未按照规定保管财务账目、会计凭证、处方、病历、治疗检查记录、费用明细、药品和医用耗材出入库记录等资料；

（三）未按照规定通过医疗保障信息系统传送医

疗保障基金使用有关数据；

（四）未按照规定向医疗保障行政部门报告医疗保障基金使用监督管理所需信息；

（五）未按照规定向社会公开医药费用、费用结构等信息；

（六）除急诊、抢救等特殊情形外，未经参保人员或者其近亲属、监护人同意提供医疗保障基金支付范围以外的医药服务；

（七）拒绝医疗保障等行政部门监督检查或者提供虚假情况。

第四十条　定点医药机构通过下列方式骗取医疗保障基金支出的，由医疗保障行政部门责令退回，处骗取金额2倍以上5倍以下的罚款；责令定点医药机构暂停相关责任部门6个月以上1年以下涉及医疗保障基金使用的医药服务，直至由医疗保障经办机构解除服务协议；有执业资格的，由有关主管部门依法吊销执业资格：

（一）诱导、协助他人冒名或者虚假就医、购药，提供虚假证明材料，或者串通他人虚开费用单据；

（二）伪造、变造、隐匿、涂改、销毁医学文书、医学证明、会计凭证、电子信息等有关资料；

（三）虚构医药服务项目；

（四）其他骗取医疗保障基金支出的行为。

定点医药机构以骗取医疗保障基金为目的，实施了本条例第三十八条规定行为之一，造成医疗保障基金损失的，按照本条规定处理。

第四十一条　个人有下列情形之一的，由医疗保障行政部门责令改正；造成医疗保障基金损失的，责令退回；属于参保人员的，暂停其医疗费用联网结算3个月至12个月：

（一）将本人的医疗保障凭证交由他人冒名使用；

（二）重复享受医疗保障待遇；

（三）利用享受医疗保障待遇的机会转卖药品，接受返还现金、实物或者获得其他非法利益。

个人以骗取医疗保障基金为目的，实施了前款规定行为之一，造成医疗保障基金损失的；或者使用他人医疗保障凭证冒名就医、购药的；或者通过伪造、变造、隐匿、涂改、销毁医学文书、医学证明、会计凭证、电子信息等有关资料或者虚构医药服务项目等方式，骗取医疗保障基金支出的，除依照前款规定处理外，还应当由医疗保障行政部门处骗取金额2倍以上5倍以下的罚款。

第四十二条 医疗保障等行政部门、医疗保障经办机构、定点医药机构及其工作人员收受贿赂或者取得其他非法收入的，没收违法所得，对有关责任人员依法给予处分；违反其他法律、行政法规的，由有关主管部门依法处理。

第四十三条 定点医药机构违反本条例规定，造成医疗保障基金重大损失或者其他严重不良社会影响的，其法定代表人或者主要负责人5年内禁止从事定点医药机构管理活动，由有关部门依法给予处分。

第四十四条 违反本条例规定，侵占、挪用医疗保障基金的，由医疗保障等行政部门责令追回；有违法所得的，没收违法所得；对直接负责的主管人员和其他直接责任人员依法给予处分。

第四十五条 退回的基金退回原医疗保障基金财政专户；罚款、没收的违法所得依法上缴国库。

第四十六条 医疗保障等行政部门、医疗保障经办机构、会计师事务所等机构及其工作人员，泄露、篡改、毁损、非法向他人提供个人信息、商业秘密的，对直接负责的主管人员和其他直接责任人员依法给予处分；违反其他法律、行政法规的，由有关主管部门依法处理。

第四十七条 医疗保障等行政部门工作人员在医疗保障基金使用监督管理工作中滥用职权、玩忽职守、徇私舞弊的，依法给予处分。

第四十八条 违反本条例规定，构成违反治安管理行为的，依法给予治安管理处罚；构成犯罪的，依法追究刑事责任。

违反本条例规定，给有关单位或者个人造成损失的，依法承担赔偿责任。

第五章 附 则

第四十九条 职工大额医疗费用补助、公务员医疗补助等医疗保障资金使用的监督管理，参照本条例执行。

居民大病保险资金的使用按照国家有关规定执行，医疗保障行政部门应当加强监督。

第五十条 本条例自 2021 年 5 月 1 日起施行。

司法部、国家医疗保障局负责人就《医疗保障基金使用监督管理条例》答记者问

2021年1月15日，国务院总理李克强签署第735号国务院令，公布《医疗保障基金使用监督管理条例》（以下简称《条例》），《条例》自2021年5月1日起施行。日前，司法部、国家医疗保障局负责人就《条例》的有关问题回答了记者提问。

问：请简要介绍一下《条例》的出台背景。

答：医疗保障基金是人民群众的“看病钱”“救命钱”，其使用安全涉及广大群众的切身利益，关系医疗保障制度健康持续发展。医疗保障基金使用主体多、链条长、风险点多、监管难度大，监管形势较为严峻。党中央、国务院高度重视医疗保障基金使用监

督管理工作。《中共中央　国务院关于深化医疗保障制度改革的意见》提出，制定完善医保基金监管相关法律法规，规范监管权限、程序、处罚标准。《国务院办公厅关于推进医疗保障基金监管制度体系改革的指导意见》要求，强化医保基金监管法治及规范保障，制定医疗保障基金使用监督管理条例及其配套办法。制定专门行政法规，以法治手段解决医疗保障基金使用监督管理中的突出问题，是十分必要的。

问：《条例》的适用范围包括哪些？

答：《条例》第二条规定“本条例适用于中华人民共和国境内基本医疗保险（含生育保险）基金、医疗救助基金等医疗保障基金使用及其监督管理。”第四十九条规定“职工大额医疗费用补助、公务员医疗补助等医疗保障资金使用的监督管理，参照本条例执行。居民大病保险资金的使用按照国家有关规定执行，医疗保障行政部门应当加强监督。”据此，基本医疗保险（含生育保险）基金、医疗救助基金等医疗保障基金适用本《条例》；职工大额医疗费用补助、公务员医疗补助参照本《条例》；居民大病保险资金按照国家有关规定执行。

问：《条例》对基金使用各相关主体提了哪些要求？

答：《条例》明确了基金使用相关主体的职责，包括医疗保障行政部门、医疗保障经办机构、定点医药机构、参保人员等。一是医疗保障行政部门应当依法组织制定医疗保障基金支付范围。二是医疗保障经办机构建立健全业务、财务、安全和风险管理制度，规范服务协议管理。三是定点医药机构加强内部管理，提供合理、必要的医药服务，保管有关资料、传送数据和报告监管信息。四是参保人员持本人医疗保障凭证就医、购药，按照规定享受医疗保障待遇。五是禁止医疗保障经办机构、定点医药机构等单位及其工作人员和参保人员等通过伪造、变造、隐匿、涂改、销毁医学文书等有关资料或者虚构医药服务项目等方式，骗取医疗保障基金。

问：《条例》在健全监督体制、强化监管措施方面，作了哪些规定？

答：一是构建政府和医疗保障等行政部门的行政

监管、新闻媒体舆论监督、社会监督、行业自律相结合的监督体制，畅通社会监督渠道，织密扎牢医疗保障基金使用监督管理的制度笼子。二是建立医疗保障、卫生健康、中医药、市场监督管理、财政、审计、公安等部门的沟通协调、案件移送等监管合作机制。三是要求国务院医疗保障行政部门制定服务协议管理办法，制作并定期修订服务协议范本。四是规定大数据智能监控、专项检查、联合检查、信用管理等监管形式。五是规范医疗保障行政部门监督检查的措施及程序。

问：对骗保等违法行为的惩处，《条例》作了哪些规定？

答：《条例》针对不同违法主体、不同违法行为分别设置了法律责任。

一是对医疗保障经办机构违法的，责令改正、责令退回、罚款、给予处分。二是对定点医药机构一般违法行为，责令改正、约谈负责人、责令退回、罚款、责令定点医药机构暂停相关责任部门一定期限的医药服务；对定点医药机构违反管理制度的，责令改正、约谈负责人、罚款；对定点医药机构骗保的，责令退回、罚款、责令定点医药机构暂停相关责任部门一定期限的医药服务、解除服务协议、吊销执业资格；造成医疗保障基金重大损失或者其他严重不良社会影响的，对其法定代表人或者主要负责人给予限制从业、处分。三是个人违法的，责令改正、责令退回、暂停其一定期限的医疗费用联网结算、罚款。四是侵占、挪用医疗保障基金的，责令追回、没收违法所得、给予处分。五是医疗保障等行政部门工作人员滥用职权、玩忽职守、徇私舞弊的，给予处分。

医疗保障基金使用监督管理条例
YILIAO BAOZHANG JIJIN SHIYONG JIANDU GUANLI TIAOLI

经销/新华书店
印刷/北京海纳百川印刷有限公司
开本/850 毫米×1168 毫米　32 开　　印张/1　字数/10 千
版次/2021 年 2 月第 1 版　　2021 年 5 月第 4 次印刷

中国法制出版社出版
书号 ISBN 978-7-5216-1620-0　　定价：4.00 元

北京西单横二条 2 号
邮政编码 100031　　传真：010-66031119
网址：http://www.zgfzs.com　　**编辑部电话：010-66066621**
市场营销部电话：010-66033393　　**邮购部电话：010-66033288**

（如有印装质量问题，请与本社印务部联系调换。电话：010-66032926）